...Ils gisent dans le champ terrible et solitaire.

On voit partout sur eux l'affreux coup de boulet,
La balafre du sabre et le trou de la lance;
Le vaste vent glacé souffle sur ce silence;
Ils sont nus et sanglants sous le ciel pluvieux.

O morts pour mon pays, je suis votre envieux.

(*Nos Morts* : VICTOR HUGO.)

A LA

MÉMOIRE DES SOLDATS

DE PONTFAVERGER

TUÉS À L'ENNEMI PENDANT LA GUERRE DE 1870-71

———

INAUGURATION

D'UN

MONUMENT

A LA

MÉMOIRE DES SOLDATS

DE LA

COMMUNE DE PONTFAVERGER TUÉS A L'ENNEMI

PENDANT LA GUERRE DE 1870-71

―――

23 AOUT 1896

―――

REIMS

IMPRIMERIE DE L'INDÉPENDANT RÉMOIS

40, RUE DE TALLEYRAND, 40

―

1896

" Pro Patria „

Ils gisent dans le champ terrible et solitaire.

. . . .

On voit partout sur eux l'affreux coup de boulet,
La balafre du sabre et le trou de la lance :
Le vaste vent glacé souffle sur ce silence :
Ils sont nus et sanglants sous le ciel pluvieux.

O morts pour mon pays, je suis votre envieux.

(Nos Morts : Victor Hugo.)

L'histoire, qui redit les guerres, est pour les nations le plus fécond et le plus humain des enseignements.

Mais une nation, tout en étant une, est mille fois complexe, et l'histoire d'un peuple est l'histoire de chacun de ses éléments. Aussi, chaque ville, chaque village doit avec un soin jaloux garder vivants ses souvenirs. Les hommes sentent mieux les faits qui se sont passés près d'eux, si, dès leur enfance, ils ont appris, en même temps que les gloires de leurs pères, les souffrances qui se sont agitées à l'ombre du clocher natal. — Le monument élevé par la commune de Pontfaverger à nos concitoyens morts en 1870, est à la fois un souvenir et un enseignement.

*
* *

Nous venions d'être vaincus à Forbach, à Wissembourg, à Frœschwiller. Cent mille hommes des éléments les plus divers avaient été réunis au camp de Châlons et ignoraient encore s'ils iraient débloquer Metz ou défendre Paris, lorsque l'Empereur décida enfin qu'ils se porteraient au secours du maréchal Bazaine.

Le 23 août, une des colonnes du corps d'armée de Mac-Mahon se dirigeant sur Sedan par la route de Vouziers, traversa Pontfaverger. Ce n'était déjà plus une armée, et l'âme de la défaite semblait animer ces troupes formées à la hâte. L'Empereur, malade, épuisé, sentant au-dessus de lui peser l'arme terrible de la fatalité, conduisait cette horde de cavaliers et de fantassins auxquels étaient mêlés des marins, les seuls chez qui l'indiscipline ne pénétra jamais. Le 24, le cinquième corps guidé par le général de Failly, faisait étape chez nous et devait presque au lendemain se faire surprendre à Beaumont-en-Argonne.

Huit jours après, l'armée allemande couvrait les hauteurs d'Aussonce et de la Neuville, et nos champs et nos chemins étaient pour la première fois depuis la grande invasion foulés et souillés par le pied de l'étranger. Pendant un long mois, on vit passer devant nos maisons ces vainqueurs insolents et qui fêtèrent chez nous notre désastre de Sedan. On se rappelle encore la harangue que prononça sur la place de la Mairie un officier de l'armée bavaroise. « Vos Parisiens, dit-il, ont renversé votre Napoléon et acclamé la République Rouge. Ici, nous sommes les maîtres. » Nous ne pouvions, à de telles paroles, opposer que du silence et de la dignité : chacun à Pontfaverger sut comprendre son devoir.

Puis ce fut l'affreuse nouvelle de la capitulation de Metz. Frédéric-Charles, avec 200,000 hommes, envahit la Champagne ; et 30,000 Prussiens, succédant aux Bavarois et aux Saxons, traversèrent Pontfaverger se dirigeant sur Paris qui devait si héroïquement résister.

Il serait trop long de dire ici les tristesses de cette invasion dans notre commune. Il fallait satisfaire aux exigences d'un ennemi peu généreux et les réquisitions en nature, plus tard les contributions en argent, pesèrent lourdement sur tous. Séparés du reste de la patrie

française, sans défense contre l'arro-
gance et l'impatience d'officiers et de
soldats dont les désirs étaient des
ordres, nos cultivateurs voyaient leurs
fermes livrées parfois à un véritable
pillage et tout refus était suivi d'une
menace de mort. L'argent était rare,
l'hiver rigoureux, et le désespoir de
la défaite grandissait encore les souffrances d'une population malheureuse
et impuissante.

Mais parmi toutes ces tristesses, nos
concitoyens surent ne pas démériter.
Sans parler de ceux qui étaient déjà
sous les drapeaux, et alors que les
étrangers, maîtres de la Champagne,
punissaient de l'absence de tout homme
valide les parents ou les familles, plus
de quarante habitants de Pontfaverger,
au mépris des sinistres ordonnances du
gouverneur allemand, quittèrent isolé-
ment le pays et s'enrégimentèrent dans

l'armée du Nord ou dans la garde natio-
nale. Plusieurs firent la campagne avec
Faidherbe et combattirent à Amiens,
à Pont-Noyelles, à Saint-Quentin.

D'autres, n'écoutant que leur patrio-
tisme et leur courage, bravèrent à Pontfaverger même ou dans les communes
avoisinantes les menaces de l'ennemi.
Si leurs actes héroïques furent inutiles
et quelquefois imprudents, on ne saurait
les en blâmer, tellement la haine de
l'étranger est profonde au cœur de tout
bon Français.

Quelques-uns, comme M. Barbier
d'Escanevelle, né dans notre village,
alors adjoint de Bétheniville, déclaré
responsable du meurtre d'un convoyeur
allemand et traîné à Reims devant un
tribunal militaire, affrontèrent avec un
superbe dédain les insultes et les menaces de mort des Allemands. Aux
officiers qui voulaient juger M. Barbier

d'Escanevelle, et le fusiller, celui-ci répondait la tête haute : « Je suis » prêt. Je ne sais pas comment on » meurt chez vous : je vous mon- » trerai comment nous mourons en » France. »

Enfin, la paix signée, — à quel prix ! — nous eûmes de nouveau à supporter le passage des troupes ennemies. L'ar- mée d'occupation ne quitta nos pays qu'au mois d'août 1872. Nous assistions tristement à ce long défilé, à ce doulou- reux spectacle d'un triomphe qui nous était une injure ; et aux soldats qui nous disaient adieu, plus d'un habitant répondit un « au revoir » de ven- geance.

Mais que d'humiliations, que de sang français répandu, et chez nous que de victimes !

Six de nos concitoyens tombèrent sur les champs de bataille : Jules Proisy à Gravelotte, Auguste Charton à Bapaume, Désiré Lefèvre à Champigny, Ernest Hiblot, Hannon et Ferry-Belony sous les murs de Paris.

Cinq moururent des suites de blessures, de misère et de froid dans les hôpitaux : Léonard Lemoine, Ernest Legros, Louis Legros, Renault et Douillet.

Neuf autres nous revinrent malades ou mutilés : Ernest Galland, L.-Joseph Ferry, Nicolas Charlier, Félix Madoux, Reinet-Collard, Magin, Floquet, Hippolyte Gigot, et enfin Sautret-Allonzo qui revint d'un service de convoyeurs avec une balle dans le bras.

C'est le dévouement obscur de ceux qui sont tombés pour la Patrie que nous célébrons aujourd'hui ; c'est à leur mémoire que Pontfaverger a élevé au champ de ses morts une tombe où manquent, hélas ! leurs ossements,

ensevelis et perdus sur les champs de
bataille.

*
* *

Le soldat en sentinelle, qui désormais
veillera sur nos morts, excitera en même
temps que les regrets un constant souvenir. Lorsque les troupes allemandes,
aux premiers jours de l'invasion, pas-
sèrent dans Pontfaverger, plus d'un se
souvient d'avoir entendu notre chant
national parodié par les Barbares.

Le jour de gloire est arrivé, criaient-
ils en se moquant. Mais notre Alfred
de Musset avait déjà répondu pour
nous :

> Un couplet qu'on s'en va chantant
> N'efface pas la trace altière
> Du pied de nos chevaux marqué dans votre sang.

Si ce n'était pas pour nous, tant de
fois vainqueurs, un jour de gloire, ce
n'était pas non plus un jour de honte.

Nous cédions, vaincus par le nombre, trahis par la fortune, sous le poids d'une fatalité ; mais l'espoir de vie n'était pas détruit. La blessure reçue, voilà vingt-cinq années, n'est pas cicatrisée, et c'est parce qu'elle saigne encore, qu'il nous est permis de la montrer.

La France porte vers l'Est, tout près de nous, presque chez nous, la plaie encore large et profonde : et de même qu'un mutilé pense à son mal sans en parler, mais cherche à le guérir, nous devons nous rappeler sans cesse les jours de l'année terrible.

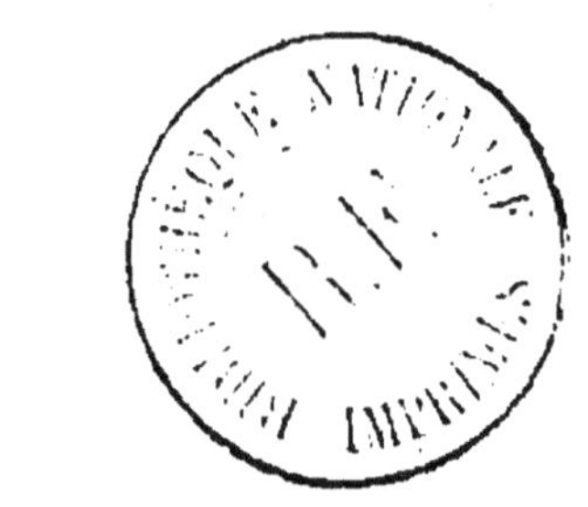

Reims — Imp. Indép. Rémois — J. Justinart